BEI GRIN MACHT SICH IHR WISSEN BEZAHLT

- Wir veröffentlichen Ihre Hausarbeit, Bachelor- und Masterarbeit

- Ihr eigenes eBook und Buch - weltweit in allen wichtigen Shops

- Verdienen Sie an jedem Verkauf

Jetzt bei www.GRIN.com hochladen und kostenlos publizieren

Bibliografische Information der Deutschen Nationalbibliothek:

Die Deutsche Bibliothek verzeichnet diese Publikation in der Deutschen Nationalbibliografie; detaillierte bibliografische Daten sind im Internet über http://dnb.d-nb.de/ abrufbar.

Dieses Werk sowie alle darin enthaltenen einzelnen Beiträge und Abbildungen sind urheberrechtlich geschützt. Jede Verwertung, die nicht ausdrücklich vom Urheberrechtsschutz zugelassen ist, bedarf der vorherigen Zustimmung des Verlages. Das gilt insbesondere für Vervielfältigungen, Bearbeitungen, Übersetzungen, Mikroverfilmungen, Auswertungen durch Datenbanken und für die Einspeicherung und Verarbeitung in elektronische Systeme. Alle Rechte, auch die des auszugsweisen Nachdrucks, der fotomechanischen Wiedergabe (einschließlich Mikrokopie) sowie der Auswertung durch Datenbanken oder ähnliche Einrichtungen, vorbehalten.

Impressum:

Copyright © 2016 GRIN Verlag
Druck und Bindung: Books on Demand GmbH, Norderstedt Germany
ISBN: 9783668809338

Dieses Buch bei GRIN:

https://www.grin.com/document/442414

Saskia Ziegler

Konzepte und Strategien der individuellen Gesundheitsförderung

GRIN Verlag

GRIN - Your knowledge has value

Der GRIN Verlag publiziert seit 1998 wissenschaftliche Arbeiten von Studenten, Hochschullehrern und anderen Akademikern als eBook und gedrucktes Buch. Die Verlagswebsite www.grin.com ist die ideale Plattform zur Veröffentlichung von Hausarbeiten, Abschlussarbeiten, wissenschaftlichen Aufsätzen, Dissertationen und Fachbüchern.

Besuchen Sie uns im Internet:

http://www.grin.com/

http://www.facebook.com/grincom

http://www.twitter.com/grin_com

Deutsche Hochschule für
Prävention und Gesundheitsmanagement
Hermann Neuberger Sportschule 3
66123 Saarbrücken

Hausarbeit

Name, Vorname:	Ziegler, Saskia.
Modul:	Konzepte und Strategien der individuellen Gesundheitsförderung
Studiengang:	Gesundheitsmanagement
Datum Präsenzphase:	11.04.16-13.04.16
Studienort:	Köln
Aufgabe:	Entwicklung einer Präventionsmaßnahme in Form eines Kursprogramms in einem der prioritären Handlungsfelder Bewegungsgewohnheiten, Ernährung oder Stressmanagement gemäß den im „Leitfaden Prävention – Gemeinsame und einheitliche Handlungsfelder und Kriterien des GKV-Spitzenverbandes zur Umsetzung von §§ 20 und 20a SGB V vom 21. Juni 2000 in der Fassung vom 10. Dezember 2014" definierten Qualitätskriterien

Inhaltsverzeichnis

1 GRUNDLEGENDE INFORMATIONEN ZUR PRÄVENTIONSMASSNAHME 3

   1.1 Bezeichnung des Kursangebotes 3

   1.2 Handlungsfeld und Präventionsprinzip 3

   1.3 Bedarf 3

   1.4 Wirksamkeit 5

   1.5 Zielgruppe 6

   1.6 Ziele der Maßnahme 6

2 INHALTLICH-ORGANISATORISCHE GROBPLANUNG DES KURSPROGRAMMS 7

3 INHALTLICH-METHODISCHE DETAILPLANUNG DES KURPROGRAMMS 8

4 DOKUMENTATION UND EVALUATION DES KURSPROGRAMMS 12

5 LITERATURVERZEICHNIS 13

6 TABELLENVERZEICHNIS 14

   ANHANG 14

      Anhang 1: 14

      Anhang 2: 15

1 Grundlegende Informationen zur Präventionsmaßnahme

1.1 Bezeichnung des Kursangebotes

Der Kurs erhält die Bezeichnung „Aktiv ins Rücken-Glück".

Begründung: Mit dem Leitspruch „Ein schöner Rücken kann entzücken, aber ein gesunder Rücken kann beglücken" soll das Interesse potentieller Teilnehmer erweckt werden, herauszufinden, was es mit dem besagten „Glück" auf sich hat.

Denn die Maßnahme verspricht neben einer Stabilisierung des Rückens, auch Entspannungsmethoden, sowie das Erlernen rückengerechter Verhaltensweisen für den Alltag, sodass die Teilnehmer dazu befähigt werden, ihre Rückengesundheit positiv zu beeinflussen. Einerseits resultiert ein gesteigertes Wohlbefinden, andererseits lässt eine Schmerzfreiheit geringere Einschränkungen im Alltagsleben entstehen und gewährleistet somit eine erhöhte Lebensqualität.

1.2 Handlungsfeld und Präventionsprinzip

Die geplante Präventionsmaßnahme bezieht sich auf das Handlungsfeld Bewegungsgewohnheiten mit dem entsprechenden Präventionsprinzip „Vorbeugung und Reduzierung spezieller gesundheitlicher Risiken durch geeignete verhaltens- und gesundheitsorientierte Bewegungsprogramme".

1.3 Bedarf

Im Folgenden wird der Bedarf des bestehenden Gesundheitsproblems dargestellt. Hierzu werden unter Anderem epidemiologische Daten zur Prävalenz von Rückenbeschwerden, mögliche Ursachen und Risikofaktoren, sowieso resultierende Folgen repräsentiert.

Rückenbeschwerden sind heutzutage keine Seltenheit mehr. Laut Ergebnissen der Deutschen Rückenschmerzstudie von 2003/ 2006 variiert die Stichtagprävalenz (Schmerzen heute) in verschiedenen Regionen zwischen 32% und 39% und die Lebenszeitprävalenz (mindestens einmal im Leben Rückenschmerzen) zwischen 74% und 85%.
Somit gaben lediglich knapp 20% der Befragten eine Beschwerdefreiheit an.
Des Weiteren geht aus den Ergebnissen dieser Studie hervor, dass 7% der Befragten über starke Rückenbeschwerden und sogar 9% über erheblich behindernde Rücken-

schmerzen klagten. Ergebnisse des Gesundheitssurveys von 2003 und 2009 des Robert-Koch-Instituts zur Prävalenz von Rückenbeschwerden der deutschen Bevölkerung zeigen, dass Frauen öfters angaben mindestens 3 Monate von anhaltenden Rückenschmerzen betroffen gewesen zu sein. Außerdem zeigt sich bei beiden Geschlechtern eine annähernde lineare Zunahme der Inzidenz chronischer Rückenschmerzen mit dem Alter (Statistisches Bundesamt [StBA], 2012, S.13). Im Jahr 2009 lagen die Werte unabhängig von Altersgruppe und Geschlecht tendenziell höher als die Werte von 2003 (vgl. Abbildung 1 Rückenschmerzen in der deutschen Bevölkerung, StBA, 2012, S.13).

„Rückenschmerz" ist eine subjektive Erfahrung und bei der Mehrheit der Betroffenen lässt sich weder eine umschriebene Krankheit, ein krankhafter Prozess, noch eine anatomische Quelle als Ursache finden. In diesem Zusammenhang spricht man von nicht-spezifischen Rückenschmerzen. Demnach besteht hier eine komplexe Problematik mit Risiken aus verschiedenen Quellen. Bei physiologisch-organischer Ursache können z. B. durch einen Mobilitätsverlust oder funktionellen Einschränkungen Rückenschmerzen entstehen, auf kognitiv-emotionaler Ebene z. B. durch eine erhöhte Empfindlichkeit gegenüber körpereigenen Signalen oder Stimmungsschwankungen. Außerdem spielt das eigene Verhalten eine bedeutende Rolle. Beispielsweise besteht bei unangemessenem schmerzbezogenem Verhalten (Schonung oder Überaktivität) ein erhöhtes Risiko. Auch der sozialen Komponente kommt ein gesteigertes Risikopotential z. B. durch Störungen der sozialen Beziehungen oder Konflikte am Arbeitsplatz und im Beruf zu (StBA, 2012, S. 10 ff).

Daraus folgen zumal Einschränkungen in der subjektiven Gesundheit und Leistungsfähigkeit in Alltag, Freizeit und Beruf. Ein Berufsausfall bzw. die Zeit einer Arbeitsunfähigkeit bedingt durch Rückenschmerzen lagen 2010 in der Rangliste der zehn Erkrankungen mit den längsten Arbeitsunfähigkeitstagen (AU) unter den AOK- Pflichtmitgliedern auf dem ersten Platz (StBA, 2012, S.15).

Darüber hinaus ergeben sich Begleiterkrankungen, die im Zusammenhang mit chronischen Rückenbeschwerden diagnostiziert werden. Dazu gehören degenerative und entzündliche Gelenkerkrankungen, Osteoporose, Schlaganfall, Herzinsuffizienz, Depression, Substanzmissbrauch, Adipositas und chronische Bronchitis (StBA, 2012, S. 15).

Neben individueller Folgen, entstehen für das deutsche Gesundheitssystem starke wirtschaftliche Belastungen. Behandlungs- und Therapiekosten machen nur einen kleineren Teil der Gesamtkosten aus. Beispielsweise beliefen sich 2008 die Kosten hinsichtlich der Therapie von Rückenbeschwerden auf rund 9 Milliarden Euro mit einem Anteil von

15 %. Vielmehr schlagen indirekte Kosten wie Produktivitäts- und Arbeitsausfälle dem deutschen Gesundheitssystem sehr hohe Belastungen zu buche (Ärztezeitung, 2015).

1.4 Wirksamkeit

Tabelle 1: Darstellung der grundsätzlichen Wirksamkeit

Merkmal	Beschreibung
Autor/en	Lønn, J.H., Glomsrød, B., Soukup, M.G., Bø, K., Larsen, S.
Publikationsjahr	1999/ 2001
Titel	„Active Back School", prophylactic management for low back pain: Three year follow-up of a randomised controlled trial
Zielsetzung/Fragestellung	Bewertung der Wirksamkeit eines „aktiven" Rückenschulprogramms auf die Rezidivrate von Rückenschmerz-Episoden (RS-Episoden) mit dem Ansatz: Die Verbesserung des Bewegungsverhaltens, Haltung, Körperwahrnehmung, sowie Vermittlung von Verständnis für ergonomische Prinzipien erfordern hohen Praxisanteil
Methodik	- Studiendesign: Stratifizierung und Randomisierung - Probanden: 81 Studierende Versuchsgruppe (VG): n= 43 → aktive Rückenschule 20 Stunden über 13 Wochen (2x/Woche in ersten 7 Wochen, 1x/Woche in den letzten 6 Wochen) mit Praxis- und Theorieteil Kontrollgruppe (KG): n=38 keine Intervention alle Probanden hatten bereits eine RS-Episode oder AU im vergangen Jahr, zu Studienbeginn keine Behandlung oder AU - Methoden: Erfassung von RS-Episoden und AU-Tagen zu Studienbeginn, fünf und zwölf Monate sowie drei Jahre nach Intervention Erfassung von Lebensqualität und Rückenfunktion nach drei Jahren
Ergebnisse	- signifikant weniger Rezidive in VG - signifikant längere Dauer bis zum ersten Auftreten eines Rezidives - kürzere AU bei Rezidiv
Schlussfolgerungen	Die Untersuchung weist das Potenzial aktivitätsbetonter Programme zur Beeinflussung der Prävalenz von Rückenschmerzen im positiven Sinn auf

1.5 Zielgruppe

Tabelle 2: Zielgruppendefinition der geplanten Maßnahme

Zielgruppenmerkmale	Beschreibung
Soziodemografische Merkmale	**Geschlecht**: gemischt **Alter**: 20-40
Sozialstatus	**Bildungsgrad**: mittel **Berufliche Stellung**: Bürokauffrau/ -mann
Gesundheitsrisiken/ -belastungen	**BMI**: unspezifisch **Bewegungsverhalten**: kaum, starke oder falsche Bewegung/ Belastung **evtl. bestehende Beschwerden**: besonders im HWS-, BWS-, LWS-Bereich
Kontraindikationen	- entzündliche rheumatische Erkrankungen - Bandscheibenprotusion bzw. -prolaps mit neurologischen Ausfallerscheinungen → generell: akute therapiebedürfte Schmerzen

Im Grunde richtet sich die Präventionsmaßnahme primär an alle Versicherte ohne behandlungsbedürftige Erkrankung mit Risiken in ihren Tätigkeiten/ Verhaltensweisen, die einem Bewegungsmangel, insbesondere Rückenbeschwerden, vorbeugen möchten.

1.6 Ziele der Maßnahme

Ziel 1: Stärkung physischer Gesundheitsressourcen, insbesondere die Faktoren Kraft, Dehnfähigkeit, Koordinationsfähigkeit und Entspannungsfähigkeit.
Begründung: Durch die Verbesserung der oben genannten Faktoren wird ein erhöhtes Fitnesslevel erreicht, was sich positiv für die Gesundheit auswirkt. Im Hinblick auf die Vermeidung von Rückenschmerzen, kommt der Rückenmuskulatur eine besondere Rolle zu, denn bereits normale Bewegungen im alltäglichen Leben wie z. B. Bücken/Aufrichten stellen erhebliche Belastungen für den Rücken dar (Buhr et. al., 2011, S. 27). Aus diesem Grund erhält die Kräftigung der Rücken-, sowie Rumpfmuskulatur besondere Beachtung.

Ziel 2: Stärkung psychosozialer Gesundheitsressourcen, insbesondere Handlungs- und Effektwissen, Körperkonzept, soziale Kompetenz, Selbstwirksamkeit.
Begründung: Psychische Belastungen werden durch die Vermittlung von Handlungs- und Effektwissen verringert. Durch die Aufklärung der Entstehung von Rückenschmer-

BEI GRIN MACHT SICH IHR WISSEN BEZAHLT

- Wir veröffentlichen Ihre Hausarbeit, Bachelor- und Masterarbeit

- Ihr eigenes eBook und Buch - weltweit in allen wichtigen Shops

- Verdienen Sie an jedem Verkauf

Jetzt bei www.GRIN.com hochladen und kostenlos publizieren

Bibliografische Information der Deutschen Nationalbibliothek:

Die Deutsche Bibliothek verzeichnet diese Publikation in der Deutschen Nationalbibliografie; detaillierte bibliografische Daten sind im Internet über http://dnb.d-nb.de/ abrufbar.

Dieses Werk sowie alle darin enthaltenen einzelnen Beiträge und Abbildungen sind urheberrechtlich geschützt. Jede Verwertung, die nicht ausdrücklich vom Urheberrechtsschutz zugelassen ist, bedarf der vorherigen Zustimmung des Verlages. Das gilt insbesondere für Vervielfältigungen, Bearbeitungen, Übersetzungen, Mikroverfilmungen, Auswertungen durch Datenbanken und für die Einspeicherung und Verarbeitung in elektronische Systeme. Alle Rechte, auch die des auszugsweisen Nachdrucks, der fotomechanischen Wiedergabe (einschließlich Mikrokopie) sowie der Auswertung durch Datenbanken oder ähnliche Einrichtungen, vorbehalten.

Impressum:

Copyright © 2019 GRIN Verlag
Druck und Bindung: Books on Demand GmbH, Norderstedt Germany
ISBN: 9783668970489

Dieses Buch bei GRIN:

https://www.grin.com/document/478171

6 Tabellenverzeichnis

Tab. 1: SWOT-Matrix Freeletics 7
Tab. 2: Digitalisierung des Studios "Kohl" 12

BEI GRIN MACHT SICH IHR WISSEN BEZAHLT

- Wir veröffentlichen Ihre Hausarbeit, Bachelor- und Masterarbeit

- Ihr eigenes eBook und Buch - weltweit in allen wichtigen Shops

- Verdienen Sie an jedem Verkauf

Jetzt bei www.GRIN.com hochladen und kostenlos publizieren

zen wird ein Problembewusstsein geschaffen, wodurch eine Problembewältigung aus eigenen Kompetenzen mit einhergeht.
Zusätzlich fördert ein positives Selbstkonzept eine günstige Bewertung der eigenen Bewältigungsanstrengungen (Schwarzer & Jerusalem, 2002, S.29)

Ziel 3: Aufbau von Bindung an gesundheitssportliche Aktivität
Begründung: Um die Nachhaltigkeit der Maßnahme zu fördern, ist es von besonderer Bedeutung eine Bindung an körperliche Aktivität aufzubauen. Denn die Rückengesundheit kann nur aufrecht erhalten werden, wenn die Teilnehmer ein dauerhaftes/ kontinuierliches und selbst gesteuertes Training absolvieren (Pfeifer, 2007, S. 13).

2 Inhaltlich-organisatorische Grobplanung des Kursprogramms

Tabelle 3: Darstellung inhaltlich-organisatorische Grobplanung des Kursprogramms

Planungspunkte	Beschreibung
Kursinhalte	- Module zur Verbesserung der physischen Ressourcen (Kraft, Dehnfähigkeit, Koordinationsfähigkeit, Entspannungsfähigkeit) dazu gehören Lockerungsübungen, Dehnübungen, Entspannungsübungen, Koordinationsübungen, sowie im besonderem Maße Übungen zur Kräftigung der Rumpfmuskulatur Begründung: hinsichtlich des ersten Ziels (s. Aufgabe 1.6) werden Module zu den jeweiligen Faktoren angewandt, um deren Erreichung herbeizuführen - Aufbau von Handlungs- und Effektwissen zu gesundheitsförderlicher Wirkung körperlichen Aktivitäten, sowie zu selbstständiger Durchführung körperlicher Aktivitäten - Vermittlung von Körpererfahrung und positiven Bewegungserlebnissen Begründung: hinsichtlich zur Erreichung des zweiten Ziels (s. Aufgabe 1.6) findet eine Wissensvermittlung statt, wodurch bei den TN ein Problembewusstsein, sowie eine verbesserte Selbstreflexion, Selbstwirksamkeitserwartung entstehen soll - Maßnahmen zur Unterstützung der Integration des Gelernten in Alltag nach Interventionsende - Kontinuierliche Information und Anleitung zu gesundheitsförderlichen Bewegungsabläufen im Alltag wie z.B. Arbeitsplatzhaltung

Planungspunkte	Beschreibung
	Begründung: um die Erreichung des dritten Ziels (s. Aufgabe 1.6), sowie eine Nachhaltigkeit der Intervention zu gewährleisten, sind Maßnahmen zur Unterstützung der Integration des Gelernten im Alltag, sowie zum Aufbau einer Bindung an körperliche Aktivität erforderlich
Kursdauer	Insgesamt 10 Wochen
Kurseinheiten	1 Einheit/ Woche á 60 Minuten
Zeitaufteilung Information/Praxis	Informationsteil integriert in einzelnen Kurseinheiten (je nach Thema 5 bis 10 Minuten) insgesamt: ca. 60 Minuten Theorie → Verhältnis Theorie/ Praxis: ~ 1/10 h
Teilnehmerzahl	Maximal 15 Teilnehmer
Benötigte Ressourcen	Räumlichkeit: Seminarraum oder Kursraum, angemessen d.h. ca. 4 m² pro Teilnehmer Trainingsgeräte: Matte, Gymnastikball, Balance-Pad, Stab, Theraband Medien: Musikanlage Hilfsmittel: Kleingeräte, leerer Wasserkasten, Stuhl usw. Teilnehmerunterlagen: Teilnehmermanual (Übungskatalog)
Kursleiter	Staatlich geprüfter Gymnastiklehrer im Bereich Prävention und Rehabilitation
Kursanbieter	Name: Wellcome Sport-Center e.K. Art der Einrichtung: Sportstudio, Einzelunternehmen im Raum Gummersbach Positionierung: gehobener Anbieter mit umfangreicher Betreuung und Vielfalt

3 Inhaltlich-methodische Detailplanung des Kurprogramms

Tabelle 4: Darstellung inhaltlich-methodische Detailplanung des Kursprogramms

Woche	Kurseinheit	Thema	Lernziele/-inhalte Theorie	Lernziele/-inhalte Praxis	Methodik
1	KE 1	Einstieg: Kennenlernen	Ziele: Erwartungen, Wünsche, gegenseitiges Kennenlernen Inhalte: Vorstellungsrunde, Äußerung der Erwartungen	Ziele: Erfassung momentaner körperlicher Zustand Inhalte: Besprechung Fragebogen zur allg. Selbstwirksamkeit (SWE), der vor Beginn	Organisationsformen: Theorieteil und Praxisteil: frontal, in der Gruppe Medien: keine Hilfsmittel: Fragebogen (SWE)

Woche	Kurseinheit	Thema	Lernziele/-inhalte Theorie	Lernziele/-inhalte Praxis	Methodik
				der Intervention ausgeteilt und ausgefüllt mitgebracht wurde	
2	KE 2	Stabilisierung der Wirbelsäule	Ziele: Erläuterung Funktion und Bedeutung Stabilität der Wirbelsäule Inhalte: Darstellung Wirbelsäulenaufbau am Modell insbesondere HWS, BWS, LWS	Ziele: Aneignung von verschiedenen Übungen zur Stabilisierung der Wirbelsäule Inhalte: statisch haltende oder langsam dynamische Übungen für Arme, Beine, Bauch, Rücken	Organisationsformen: Theorieteil: frontal Praxisteil: Vor- und Nachmachen durch die TN, Anatomische Wissensvermittlung während der Übungen (z.B. gerader „Crunch" trainiert gerade Bauchmuskulatur) Medien: Musikanlage (ruhige Musik) Hilfsmittel: Matte
3	KE 3	Kräftigung mit Schwerpunkt oberer Extremitäten	Ziele: Erklärung Anatomie des Oberkörpers Inhalte: Darstellung am Modell HWS, BWS, Schultergürtel	Ziele: Aneignung Übungen zur Kräftigung der Hals-, Schulter, und oberen Rückenmuskulatur Inhalte: Zugübungen in verschiedene Richtungen mit Theraband	Organisationsformen: Theorieteil: Vortrag und Zeigen der Muskelgruppen Praxisteil: am Platz Vor- und Nachmachen, Übungsleiter gibt Anweisungen zur korrekten Ausführung Medien: Musikanlage Hilfsmittel: Matte, Theraband
4	KE 4	Mobilisation der Wirbelsäule	Ziele: Erläuterung Bedeutung Mobilisation der Wirbelsäule	Ziele: Aneignung Übungen zur Mobilisation	Organisationsformen: Theorieteil: frontal Praxisteil:

Woche	Kurseinheit	Thema	Lernziele/-inhalte Theorie	Lernziele/-inhalte Praxis	Methodik
			Inhalte: Aufzeigen möglicher Folgen bei mangelnder Mobilisation	Inhalte: Mobilisationsübungen mit Gymnastikball (z.B. Schwungübungen, kreisende Bewegungen in dyn. Formen)	Anweisungen durch den Übungsleiter, legt Pausen fest, Verweis auf Atemrhythmus Medien: Musikanlage Hilfsmittel: Matte, Gymnastikball
5	KE 5	Kräftigung mit Schwerpunkt unterer Extremitäten sowie Rumpfmuskulatur	Ziele: Erklärung Anatomie des Unterkörpers und Rumpfes Inhalte: Darstellung am Modell LWS, Rumpf-, Bein- und Gesäßmuskulatur	Ziele: Aneignung Übungen zur Kräftigung der Rumpf-, Bein-, Gesäßmuskulatur Inhalte: z.B. Ausfallschritte, standardisierte Kniebeugen, Kniebeugen mit Unterstützung vom Stab, Seitneigung mit Stab	Organisationsformen: Theorieteil: Vortrag und Zeigen der Muskelgruppen Praxisteil: am Platz Vor- und Nachmachen, Übungsleiter gibt Anweisungen zur korrekten Ausführung z.B. Knie-, Fußstellung beachten Medien: Musikanlage Hilfsmittel: Matte, Stab
6	KE 6	Sensomotorisches/ koordinatives Training	Ziele: Wissensvermittlung, Betonung der Wichtigkeit der Übungen zur Bewegungsverbesserung Inhalte: Aufzeigen positiver Effekte durch Erfahrungsberichte	Ziele: Förderung der Stabilität der Wirbelsäule, Schulung der inter- und intramuskulären Koordination Inhalte: Sensomotorische Übungen z.B. Stand und Bewegung auf dem Balance-Pad	Organisationsformen: Theorieteil: frontal Praxisteil: am Platz Vor- und Nachmachen, als Partnerübung oder alleine Medien: keine Hilfsmittel: Matte, Balance-Pad
7	KE 7	Beweglichkeits- /Flexibilitätstraining	Ziele: Erläuterung Funktion und Bedeu-	Ziele: Aneignung von verschiedenen	Organisationsformen: Theorieteil:

Woche	Kurseinheit	Thema	Lernziele/-inhalte Theorie	Lernziele/-inhalte Praxis	Methodik
			tung der Beweglichkeit Inhalte: Was passiert bei der Dehnung, Aufzeigen Folgen bei mangelnder Beweglichkeit	Übungen zur Dehnung Inhalte: Dehnungsübungen für verschiedene Muskelgruppen (statisch oder dynamisch)	frontal, Vortrag Praxisteil: am Platz Vor- und Nachmachen, als Partnerübung oder alleine Medien: Musikanlage Hilfsmittel: Matte
8	KE 8	Rückengerechter Alltag/ Integration in den Alltag	Ziele: Aufklärung alltäglicher Belastungen für Wirbelsäule, Betonung Wichtigkeit für regelmäßige Bewegung Inhalte: Aufzeigen Effekte bei falscher Belastung/ bei Inaktivität	Ziele: Erlernen von rückengerechten Verhaltensweisen im Alltag, Erwerb Übungsrepertoire zur Durchführung regelmäßiger Aktivität Inhalte: Hebe-, Trage- und Abstelltechniken (z.B. leeren Wasserkasten anheben/abstellen), Wiederholte Kräftigungs-/ Dehnungsübungen im Alltag	Organisationsformen: Theorieteil: frontal, Vortrag Praxisteil: am Platz Vor- und Nachmachen, als Partnerübung, Anweisungen durch den Übungsleiter Medien: keine Hilfsmittel: Kleingeräte, leerer Wasserkasten, Stuhl Matte
9	KE 9	Entspannungstraining	Ziele: Erläuterung Bedeutung der Entspannungsfähigkeit Inhalte: Aufzeigen Auswirkungen von Stress, Aufzeigen positiver Effekte durch Entspannung durch beispielhafte Erfahrungsberichte	Ziele: Verbesserung Körperwahrnehmung/Entspannungsfähigkeit, Erlernen von Entspannungsmethoden Inhalte: Entspannungsmethoden z.B. autogenes Training, PMR nach Jacobson, Traumreise	Organisationsformen: Theorieteil: frontal Praxisteil: am Platz, jeder für sich, Anleitung durch Übungsleiter Medien: Musikanlage (leide und entspannende Musik) Hilfsmittel: Matte
10	KE 10	Abschluss: Rückblick und	Ziele: Zusammenfassung,	Ziele: Wirksamkeitsprü-	Organisationsformen:

Woche	Kurseinheit	Thema	Lernziele/-inhalte Theorie	Lernziele/-inhalte Praxis	Methodik
		Erwartung	Kursbewertung, Vernetzung der TN Inhalte: Gruppenaustausch, Feedback, Teilnehmerbefragung	fung; Festigung des Gelernten Inhalte: Erneute Besprechung/ Vergleich des Fragebogens (SWE), der bei KE 9 ausgeteilt und nun mitgebracht wurde, Wiederholung der Übungen insbesondere der Faktoren Kraft, Dehnung, Entspannung	Theorieteil: in der Gruppe Praxisteil: in der Gruppe, am Platz Vor- und Nachmachen, Anweisungen durch den Übungsleiter, Motivation für weiterhin selbstständiges Bewegen Medien: Musikanlage (während der Übungen leise Musik) Hilfsmittel: Matte, Fragebogen (SWE),Teilnehmermanual

4 Dokumentation und Evaluation des Kursprogramms

Tabelle 5: Darstellung Kursevaluation

Übergeordnetes Kursziel	Messbares Interventionsziel	Zielindikator	Erhebungsmethode	Erhebungsinstrument	Messzeitpunkte (t)
Stärkung physischer Gesundheitsressourcen	Verbesserung der Muskelkraft um 1 Stufe der vorher erreichten Stufe	Höhere Stufe	Semiquantitatives Messverfahren zur Muskelkraft	Manueller Muskelfunktionstest nach Janda	(t)0= 1 Woche vor Kursbeginn bei einem Vortreffen (t)1= nach Kursende d.h. Nach 10. Woche bei einem Nachtreffen

Übergeordnetes Kursziel	Messbares Interventionsziel	Zielindikator	Erhebungsmethode	Erhebungsinstrument	Messzeitpunkte (t)
Stärkung psychosozialer Gesundheitsressourcen	Verbesserung der Selbstwirksamkeitserwartung um 5% des Ausgangsscores	Relative Erhöhung des Scores (%)	Standardisierte schriftliche Befragung	SKALA zur allgemeinen Selbstwirksamkeitserwartung nach Jerusalem & Schwarzer	(t)0= bei Kursbeginn (KE 1) (t)1= bei Kursende (KE 10)
Aufbau von Bindung an gesundheitssportliche Aktivität	Steigerung der gesundheitssportlichen Aktivität mittlerer Intensität auf mind. 120 Min./Woche	Mittlere körperliche Betätigung (3-5 MET) in Min./Woche	Standardisierte schriftliche Befragung	Freiburger Fragebogen zur körperlichen Aktivität (FFKA, Kurzform)	(t)0= 1 Woche vor Kursbeginn bei einem Vortreffen (t)1= nach Kursende d.h. Nach 10. Woche bei einem Nachtreffen

5 Literaturverzeichnis

Ärztezeitung (2015). *Gesundheitswesen - Rückschmerzen sorgen für sehr hohe Kosten.*
http://www.aerztezeitung.de/medizin/krankheiten/schmerz/rueckenschmerzen/article/881807/gesundheitswesen-rueckenschmerzen-sorgen-hohe-kosten.html
Zugriff am 26.03.15

Buhr, Dr. med M. et al. (2011). *Der gesunde Rücken: Rückenschmerzen vorbeugen und heilen* [2. aktualisierte Auflage]. Humboldt Verlag: Berlin.

Lønn, J.H., Glomsrød, B., Soukup, M.G., Bø, K., Larsen, S. (1999). „Active Back School", prophylactic management for low back pain: Spine, 24:9, 865-871.

Pfeifer, K. (2007) *Rückengesundheit: Neue aktive Wege, Grundlagen und Module zur Planung von Kursen.* Deutscher Ärzte Verlag: Köln.

Schwarzer, R., Jerusalem, M. (2002). Das Konzept der Selbstwirksamkeit : Selbstwirksamkeit und Motivationsprozesse in Bildungsinstitutionen. *Zeitschrift für Pädagogik, Beiheft; 44.*

Statistisches Bundesamt. (2012). Rückenschmerzen. Gesundheitsberichterstattung Heft 53.

6 Tabellenverzeichnis

Tabelle 1: Darstellung der grundsätzlichen Wirksamkeit..................S.5

Tabelle 2: Zielgruppendefinition der geplanten Maßnahme..................S.6

Tabelle 3: Darstellung inhaltlich-organisatorische Grobplanung des Kursprogramms..................S.7-8

Tabelle 4: Darstellung inhaltlich-methodische Detailplanung des Kursprogramms..................S.8-12

Tabelle 5: Darstellung Kursevaluation..................S.12

Anhang

Anhang 1:

https://www.zpid.de/pub/tests/pt_1003t.pdf

Anhang 2:

Anhang 2: Freiburger Fragebogen zur körperlichen Aktivität - Kurzform

Freiburger Fragebogen zur körperlichen Aktivität – *Kurzform*

Name: .... Größe: .... cm Gewicht: .... kg
Datum: ....

1) Sind Sie berufstätig (auch Hausfrau) oder in Ausbildung?
   ☐ nein   ☐ ja   Ihre berufliche Tätigkeit beinhaltet hauptsächlich:
   ☐ **sitzende Tätigkeiten** (z.B.: Büro, Student...)
   ☐ **mäßige Bewegung** (z.B.: Handwerker, Hausmeister, Hausfrau...)
   ☐ **intensive Bewegung** (z.B.: Postzusteller, Wald- und Bauarbeiter...)

2) Waren Sie in der <u>letzten Woche</u> zu Fuß unterwegs,
   a) ... auf dem Weg zur Arbeit oder zum Einkaufen usw.?   ☐ nein   ☐ ja
      Wenn ja, wie lange sind Sie dabei gegangen?   **insgesamt** .... Minuten/Stunden
   b) ... zum Spazierengehen?   ☐ nein   ☐ ja
      Wenn ja, wie lange waren Sie <u>letzte Woche</u> spazieren?   **insgesamt** .... Minuten/Stunden

3) Sind Sie in der <u>letzten Woche</u> Fahrrad gefahren,
   a) ... zur Arbeit oder zum Einkaufen usw.?   ☐ nein   ☐ ja
      Wenn ja, wie lange sind Sie dabei geradelt?   **insgesamt** .... Minuten/Stunden
   b) ... auf dem Heimtrainer bzw. auf Radtouren?   ☐ nein   ☐ ja
      Wenn ja, wie lange sind Sie dabei geradelt?   **insgesamt** .... Minuten/Stunden
      .... Watt

4) Haben Sie einen Garten?   ☐ nein   ☐ ja   Wenn ja,
   wieviel **Stunden** haben Sie <u>letzte Woche</u> in Ihrem Garten verbracht?   .... **Stunden pro Woche**.
   Davon waren   .... Stunden **Gartenarbeit**
   und   .... Stunden **Ruhe** und **Erholung**

5) Steigen Sie regelmäßig Treppen?   ☐ nein
   ☐ ja, ... Stockwerke, ... mal am **Tag**

6) Sind Sie im <u>letzten Monat</u> geschwommen?   ☐ nein
   ☐ ja, ca. .... Stunden im **Monat** (reine Schwimmzeit)

7) Haben Sie im <u>letzten Monat</u> Sport betrieben?
   (z.B.: Jogging, Fußball, Handball, Federball, Squash, Gymnastik, Tennis, Tischtennis ....)
   ☐ nein
   ☐ ja   **wenn ja, welchen Sport**
   Beispiel:
   1. Dauerlauf...... ca. .30.. Minuten/Stunden pro Woche/Monat
   2. Federball...... .2.. Minuten/Stunden pro Woche/Monat

   1. .... ca. .... Minuten/Stunden pro Woche/Monat
   2. .... Minuten/Stunden pro Woche/Monat
   3. .... Minuten/Stunden pro Woche/Monat
   4. .... Minuten/Stunden pro Woche/Monat

8) Gehen Sie zu Tanzveranstaltungen und/oder kegeln Sie?
   Tanzen: ☐ nein ☐ ja   .... mal / Monat   je: .... Stunden
   Kegeln: ☐ nein ☐ ja   .... mal / Monat   je: .... Stunden

Vielen Dank

BEI GRIN MACHT SICH IHR WISSEN BEZAHLT

- Wir veröffentlichen Ihre Hausarbeit, Bachelor- und Masterarbeit

- Ihr eigenes eBook und Buch - weltweit in allen wichtigen Shops

- Verdienen Sie an jedem Verkauf

Jetzt bei www.GRIN.com hochladen und kostenlos publizieren